김 천 복 시집

문은 가슴에 있다

제3의 문학

서문
– 제5권 시집을 내면서

뒷산이 보이고
바람이 보이면
너의 눈은 이미 네 것이 아니다
너의 삶은 이미 네 것이 아니다
오늘의 길이요
내일의 문이다
읽히는 순간 너는 홀로가 아니다
업히는 순간 詩는 혼자가 아니다
사막에서 물을 길어야한다
눈밭에다 불을 피워야한다
칡뿌리와 등나무를 화해 시켜야 한다
뱀의 다리를 잘라내야 한다
자기의 술래를 찾아야 한다
뒷산으로 물길을 내야 한다
절뚝거리는 삶의 발목이
되어야 한다

너는 영혼을 잉태한 처녀이라

2019년 봄, 다섯 번째 시집을 내며
김 천 복

차 례

차 례

차 례

1부

떠도는 바람도 자리가 있다

강물이 거꾸로 흐르는 줄 몰랐다

강물이 산으로 가는 줄 몰랐다
강물이 소리가 되는 줄을 몰랐다
강물이 손짓이 되고
강물이 노래가 되는 줄을
강물도 슬플 때가 있다
강물도 아플 때가 있다
나룻배를 띄우면
강은 다시 산이 되고
산은 다시 물이 되어
처음으로
처음으로
되돌아가는 줄을
몰랐다

해질녘 술집에서

불빛아래 술잔이라
불빛너머 憂心이라

석양에 업혀가는 땅거미가 밉다
술잔에 묻어가는 노을빛이 밉다
어제는 누구의 옷을 입었으며
오늘은 누구의 신을 신었느냐
그림 한 폭 그리지
못하고
해 그늘지고 가는
가장의
그림자

등에는
바람의 자국이
흉건하다

자전거를 타고

물은 아래로 흐르고 자전거는 거슬러 올라간다
물길이 보이는데
흐름을 몰랐었다
곁에 스승을 두고서
곁에 강물을 두고서

책가방에다 글자하나 채우지 못하고 교문만 들락거렸다
화선지에다 얼굴하나 그리지 못하고 화첩을 접어야했다
축령산에다 나무하나 심지 못하고서 산길을 분질렀었다
문지방에다 자국하나 새기지 못하고 청춘만 축내버렸다
북한강에다 다리하나 세우지 못하고 그물만 깔아놓았다
사람들에게 가슴한쪽 내어주지 못하고 아침을 기다렸다

달빛을 축냈더니 그림이 초라하다
햇빛을 축냈더니 노을이 붉다
이름을 축냈더니
바람이
페달을 밟는다

축령산 골짜기에서

숲이 운다
소리인가
외침인가
나무도 혼자서는 울지 못한다
바람도 혼자서는 불지 못한다
혼자서 하는듯해도
혼자서 가는듯해도
더불어 사는
세상
혼자 우는 것은 몸짓이고
같이 우는 것은 언어이다
더불어 소통하면
언어이고
불통하면 소리이라
강이 운다

흘러가는 것은 소리를 낸다

친구에게 화를 내고

독 오른 입술로
단물이 떨어지는 고깃덩어리를 씹으며
절제의 무너진 담벼락에 걸터앉아
나를 아프게 했다고
잇몸이 상하도록 즐겼던 어젯밤의 쓴술이
오늘은
내 창자를 물어뜯고 있다
주린 배를 움켜잡고 설익은 보리밭을 걸어온
아픔인데
미움인데
우정을 삼켜버린
입안이
술보다
쓰다

아집(我 執)

외줄 타는 곡예사의 몸짓이었다
천정과 바닥을 오르내리며
스스로 세운 법으로 지탱하면서
무너져가는 성벽을 몸으로 떠받치고 있는
자아(自我)

양심의 시체를 거두면서
도덕의 서슬에 숫돌을 누이면서
참새의 입술을 듣지 못했다
뱁새의 걸음을 세지 못했다

餘音이 앞서간다

인간

肉은 두발로 걷고 魂은 외발로 걷는다
육은 짐을 지고 자지만
혼은 관을 지고 잠든다
육은 술을 마시지만
혼은 누룩을 빚는다
육과
혼은
이물질이다

그러나
한
몸
이
다

억새밭에서

억새는 바람과 동거 한다
억새는 바람에 업혀야 꽃이다
흔들리면서
부러지면서
바람을 안고서
바람이 되면서
억새를
꽃이라
부른다

살아온 날이 시려서
걸어온 길이 시려서

당신이
바람의 꽃이라

어젯밤 달도 옷을 벗었다

허구로 가득한 바람을 기다리지 말라
껍질만 수북한 과거를 후회하지 말라
수탉의 울음소리에 세상이 혼돈 한다
항구의 고동소리에 바다가 철렁 한다
지금순간이 참이라
오늘하루가 길이라
과거에 붙들리면 집착이라
내일에 몰입해도 과욕이라
보이는 것은 허구이고 모든 것은 잠깐이라
보이는 것은 허상이고 모든 것이 껍데기라
가죽을 벗어라
꺼죽을 벗겨라
어젯밤
달도
옷을
벗
었
다

삶은 내게 더 강해지라고

오십 견인지 어깨가 아프다
한쪽으로 기우는
세월의 무게
아비라는 저울추에 매달려서 안간힘을 쓴다
빗물에 쓸려간 것들이 많은데도
바람에 묻어간 것들이 많은데도
나의 부피로
내가 무겁다
이력서의 빈칸을 채우지 못했는데
산이 높다고
강이 깊다고
어깨가
자꾸만 짐을 거절 한다
삶은
내게 더 강해지라고 하는데
얼음보다 시린 것이
꽃잎보다 아픈 것이
家長의 길인가

세상살이

가까이서 보면 흠이지만 멀리서 보면 꽃이다
멀리서 보면 흠이지만 가까이서 보면 꽃이다
어깨너머로 보면 반절밖에 볼 수 없고
가랑이사이로 봐도 절반만 볼 수 있다
문틈으로 보는 세상은 틈만 보이고
事典에서 말하는 삶은
길이
없
으
니
수없이 울었기 때문에 새는 높이 날고
구름은 천둥을 품고 살기에 통곡 한다
꽃은 말을 배우면서
문을 여는데
문지방이
높다

사족 蛇足

도마뱀이 다리를 잘랐다
이제야 뱀이다
아침이면 다시 자라날 발목을 끊어내고
술집을 나서는 사내가 비틀댄다
뱀이다
뱀이다

곡선이 길이라

눈비를 피할 수 있는 초막이면 됐지
밤마다 빌딩은 왜 세웠으며
한 잔 술이면 됐지
무엇 때문에
그토록
무거운 두레박을
내
리
는
지

비우기 연습

새의 깃털이 밝아서 하늘로 문을 냈다
새의 울음이 맑아서 하늘로 문을 냈다
세상살이에 몸을 섞을까봐
나뭇가지에 정이 들까봐서
너를 가두었던 것으로부터 떠나보내리라
너를 혹사했던 것으로부터 떠나보내리라
달빛을 밟고 가라
별빛을 따라 가라
화장을 지워라
가면을 벗어라

그림자는 맨얼굴이 더 곱다

풋살이라

수시로 변함은 마음에 뿌리가 없어서이라
어미가 구름이요
아비가 바람이요
집착하지 않아서
생각이
집시라

향기도
희열도
언약도 움직이는 것

믿음도 불신도
밀물도 썰물도
사랑도 미움도
집
시
라

바람의 풋살이라

불춤을 출 것이다

해를 분지르고 울었다
달을 무지르고 울었다
날마다 술을 내리는 것은 누룩이 아니었다
밤마다 술을 내리는 것은 달빛이 아니었다
죄 없는 간판이다
죄 없는 금고이다.
척척해진 마음을 말리다가
담뱃불로 술잔을 지지다가
노래방이 터지라고 울었다
가로등에 업혀서
골목길을
돌아가는
사내

그의 아내가 마중을 나온다

사내야
언젠가는 불을 놓을 것이다
언젠가는 불춤을 출 것이다

뻐꾸기

월요일엔 세금을 내고
화요일엔 월세를 내고
수요일엔 하루를 내고
목요일엔 쌀값을 갚고
금요일엔 월급을 주고
토요일엔 술값을 주고

(　　)를 치고 살면서
(　　)속에서 알을 품지 못하고
타인의 괄호에다
알을 낳는
뻐
꾸
기

무 無

꽃을 분해하니 바람이라
물을 분해하니 수증기라
고독을 분해하니 곁이 없어지고
바다를 분해하니 고요와 파도라
나를 나누니 살과 뼈이다
너를 나누니 다시 그립다
저녁을 나누니 득(得)과 실(失)이다
하루를 나누니 허(虛)와 공(空)이다
色도 無로 돌아가고
形도 無로 흘러가니
마침내는 허하고
마침내는
空
하
다

떠도는 바람도 자리가 있다

바람도 자리가 있다
찾지 못했을 뿐이다
산은 나무에게 터를 내어주고
강물은 바다에다 터를 잡는데
노령(老齡)엔
의자가
없다

아침이면 존재감으로 일어서고
저녁에는 상실감으로 무너진다
불을 지펴도 춥고
해가 떠도 어둡다

등댓불은 타는데
돌아갈
배가
없다

몸으로 그렸다

찾아다녔으나 무엇인지를 몰랐다
발바닥으로 그리자니
주먹을 쥐어야했다
산은 높고
강이 깊다
어깨가 이정표가 되리니 지도라도 세워주고 가자
얼굴이 자화상이 되리니 그림이라도 그리고 가자
온종일
아비의 그림자를
어미의 주름살을
몸으로
그렸다

단풍 아래서

높이가 내림으로 이어지고
넓이가 단풍으로 이어진다
눈물이 나야
단풍이 드니
숲은 산으로
산은 강으로
서로의 무덤이 되어준다

바람의 무덤만한 길은 없다
무덤보다 완전한 삶은 없다
처음으로
처음으로
가지는 스스로 휘어지고
바람은 길잡이가 되어서
순리대로
간다

자연이 경전이다

둘이 아니다

바닥과 천정은 남이 아니다
바다와 육지는 둘이 아니다
충동과 절제도
분노와 용서도
햇빛과 어둠도
한 몸이다
그늘을 안고 빛이 익어가듯이
숲을 밟고 바람이 일어나듯이
세상사
혼자가
아니다
문패를 달지 말라
명함도 내지 말라
처음에는 이것과 저것이 없었다
예전에는 네 편과 내 편이 없었다
앞산이 돌아서면 뒷산이다
앞강이 흘러가니 뒷강이라
끝과 시작은
같은
곳에
있다

텃밭에서

벌레들의 잇자국이 춤을 춘다
잎들은 저마다의 흉터를 보듬고 살아간다
채우려하지만 자랄수록 구멍의 크기도 커진다
허공을 채우려고 살아가서 삶이다
아픔에 밟히면서 걸어가니 길이다
생존의 본능이
공존의 시련이
아프게도
아름답다
내어주니 삶이 풍족하고 분배해서 길이 넉넉하다
터를 주어서 흙이 길이고
길을 잡아주어서 뿌리가 달다
고추는 매운 살을 찌우고
가지엔 검은 살이 차니
바람이 청무우속에다 집을 짓는다
바람이 자고
비가 멈추면
물린 자국에서도 새 달이 차오를 것이다

때로는 삶이

신용카드 잡히고 카드놀이 같은 것이라
엎치락뒤치락
서로 빚만 늘어나는 노름판
판돈은 사라지고
손때 묻은 방석만 뒹군다
엿 바꿔먹는 띄어쓰기도 아니다
떡국을 해먹는 구구셈도 아니다
퇴폐이발소도 아니다
구두수선방도 아니다
엿판에서
뒹구는 호박엿이다
잡지에 붙어있는
사진발이다

바람의 장터이다

꽃으로 맞으니 더 아프다

살고 보니 그대 가슴이 꽃길이고
깨고 나니 그대 눈물이 꽃밭이라
바람에 울었던 당신
나비가 울렸던 당신
무엇이 길인지 당신은 이미 알고 있었다
무엇이 삶인지 당신은 진즉 알고 있었다
묵묵히 따라준 사람
말없이 참아준 사람

바라지 않아서 꽃이라
말하지 못해서 꽃이라
미움을 몰라서 꽃이라
그대 눈물의 기도가
그대 불속의 살결이
꽃이라
꽃이라
상처로 피는 꽃이 아름답고
울면서 뜨는 달이 고요하다

꽃으로 맞으니 더 아프다

그렇듯이 그랬듯이

누구를 따라서 하지 않으리라
누구의 흉내도 내지 않으리라
덧칠도 하지 말고
생색도 내지 말자
뒷산의 소나무가 그렇듯이
어머니께서 그랬듯이
높이도 보지 말고
넓이도 보지 말고
사람만 보고 살자
사람만 따라 가자
너의 얼굴이
나의 주름이
세
상
이
라

가지는

달빛을 먹고 크지 않는다
거름을 먹고 크지 않는다
햇빛으로 익는 것도 아니다
바람으로 굽는 것도 아니다
썰물에
뒷물을
풀어야
익는다
반나절은 설어야
한나절은 닳아야
검붉게
영근다

가지는
치마폭의 넓이를 안다

가평북면계곡에서

어머니의 복중이 탯줄인줄 알았는데
어머니의 젖줄이 시작인줄 알았는데
저 계곡이 나의 어미인줄 몰랐다
저 냇물이 나의 시작인줄 몰랐다
새들이 나의 자매이라
야생화가 나의 겉이라
바람이 나의 숨이요
호흡이 저 바람이라
햇볕은 나를 덥히고
그늘은 나를 식히니
不二이라
不二이라
내가 구름인 것은 하늘이 나의 거울이기 때문이다
내가 집시인 것은 구름이 나의 형상이기 때문이다
저 산에 업혀가는 그늘이
저 강에 흩어지는 낙엽이
나의 그림자라

산

앞산은 교과서이고
뒷산은 필독서이라
산에는 자음과 모음이 산다
산에는 직선과 곡선이 없다
산에는 오름과 내림도 없다
산에는 칼라도 없고 흑백도 없다
산에는 분자도 없고 분모도 없다
수시로 자아를 세우지만
때로는
옆구리를 내어주어
강물이
흐른다

밟히면서 길이 되고
넘어지면서 산맥이 된다
바람을 삼켜야
숲이
우
거
진
다

그녀는

거름을 주는 사람은
그녀를 모른다
바람의 옷을 갈아입혀주지 않았다면
사막에다 작두질을 해보지 않았다면
고드름을 맨살로 녹여보지 않았다면
그녀를 만날 수 없다
그녀는 밤마다 출산을 꿈꾸면서
배냇저고리를 지으며
출산을 준비하는
처녀이다
자기의 이름으로 울어보지 못했다면
자기의 시신을 염해보지 못했다면
그녀를 볼 수 없다
스스로를 심판하지 못했다면
스스로를 처형하지 않았다면
그녀를 알 수 없다

소쩍새가
그녀의 속살을 부른다

(그녀는 나의 詩이다)

꽃밭에서

벌은 꽃가루를 훔치고
나비는 꿀샘을 더듬고
바람은 향기를 탐한다
나비와의 동거
바람과의 합방
주고받는 것은 동거가 아니다
거래하는 것은 함께가 아니다
얻으려할수록
잃어가는 세상사
잃은 것이 많아야 열매를 맺고
바랄 것이 적어야 부부가 된다
가릴 것이 없어야 하늘을 보고
덮을 것이 있어야 속살이 찬다
벌은
꿀이 젖을까봐 울지만
꽃잎들은
웃으면서
진다

가을편지

청산이 물드니 앞산이 뒷산을 본다
산은 내려놓으려 하고
강은 덜어내려고 하니
해가 짧아지고
바람이 허하다

몸뚱이는 뒷걸음치고
마음이 먼저 익어가는 계절
낙엽이 지면서
감이 붉어진다

실오라기하나 걸치지 않고
건너야할
바람의
다
리
라

2부

무릎이 아프다

길

맨바닥이 시리더라
아프고 부끄럽더라
구름을 밟았더니 떨어지더라
바람을 디뎠더니 허공이더라
지폐에 빠졌더니 수렁이더라
미움에 빠졌더니 질곡이더라
언제나 부족했고
언제나 분주했다

낮과 밤 사이에다 다리를 놓고
산과 들 사이에다 살을 묻었다
무덤은 젖고
가시가 아파
뼈마디에 훈수를 두니
길이
되
었
다

나무는 꽃도 달도 보지 않는다

무릎까지 눈이 차오른 날에도 시리다 하지 않았다
밤이면 폭설을 짊어지고도 소리 한번 내지 않았다
바람이 흔들었을 때도 나무는 따라서 울지 않았다
나무가 있어서 산이라 부른다
나무가 우거져 숲이라 불린다
나무의 철학이 무언이라
나무의 잠언이 침묵이라
지금 보이는 얼굴은 나무가 아니다
지금 서있는 실체는 자신이 아니다
형상을 보려고도 하지 말라
자신을 드러내려 하지 말라

밥값을 물어주면서 사는 게 삶이라
쌀값이 얼마인지도 모르면서
찬값이 얼마인지도 모르면서
장바구니를 들고 나서는
삶의 행진
꽃은 숫자를 세지 않는다
달은 구름을 보지 않는다
그래서 곱다
그래서 밝다

어깨동무

갈비뼈 하나씩을 뽑아서
머리카락을 짚신 삼아서 어깨동무 하자
굳은살배긴 발바닥으로
처음인 듯 눈웃음치면서 어깨동무 하자
노을을 부축하면서
황혼의 노래를 부르며 어깨를 걸치자
기쁨이 아니어도 좋다
곡선이 아니어도 좋다
돌아가도 좋다
내려가도 좋다
덜어주며
강으로
살자
사무치게 돌아가고픈
한 해의 끝자락으로 치닫는 지금
허허로운 미소로 갈무리 한다

치우치면

절반은 햇빛이고 반은 어둠이다
　　나무이고 반은 바람이다
　　삶이고 반절은 죽음이다
　　사랑이고 반은 미움이다
　　창이고 반은 방패이다
　　너이고 반절은 나이다

두 눈으로 보기 때문에 세상이 서 있다
두 발로 걸어가기에 거꾸러지지 않는다
혼자서 보기 때문에 단면만 볼 수 있고
혼자서 울기 때문에 강물이 될 수 없다
생각을 나누기에 바다가 넓다
생각을 가두기에 세상이 좁다

바람은 한쪽으로 불지 않는다
물은 한쪽으로 흐르지 않는다
치우치면
배를 띄울 수 없다

절해고도(絕海孤島)

이불은 나의 가림막이다
잡념을 잠재우기에는 이불만큼 편한 것이 없다
상상을 만들어내다 상상에 갇히면 이불은 무인도가 된다
쇠창살로부터 탈출하려고 옆으로 누워본다
어둠 저편에서 나를 응시하고 있는
또 다른 내가
길 건너 술집얘기를 꺼낸다
목구멍을 간지럽히는 감언에 속지 않으려고 다시 돌아
눕는다
술보다 어둠이 맛있을 때가 있다
술보다 고독이 맛있을 때가 있다
어둠이 맛 들면 고독과 친해진다
오늘밤은 이불속이 절해고도이다
섬 속의 섬이다
섬을 탈출하려고 노를 젓는다
아무리 저어도 제자리이다
닻이 구들장에 묶여있다
밀물 앞에서 하나씩 하나씩 지워지는 자국이 싫어서
바람 뒤에서 한 잎 한 잎 떨어져가는 낙엽이 아프다
가을밤엔
상상이
맛있다

인연 因緣

바람 치니 나뭇가지에 새들이 부리나케 날아가더라
언젠가는 바람이 보이고 나무가 보일 것이다
만남이란 대저 그런 것이더라
인연이란 무릇 그런 것이더라
푸름과 단풍의 동거라고나 할까
서로 놓지 못하는 줄다리기라고 할까
누구를 만났으며, 무엇을 보았느냐
소털처럼 많은 만남이 있었겠지
소털같이 흔한 이별도 보았겠지
한 터럭의 기쁨에 취했고
한 터럭의 설움에 울었냐
민낯이 기쁨이고 분칠한 기쁨이 슬픔이더라
한 바탕 웃고 나니
한 시절 울고 나니
남인 듯해도 남이 아니었고
둘인 듯해도 둘이 아니더라
해가 뜨니 동쪽이 있고 서쪽이 있어서 그늘이 지더라
동(東)과 서(西)는 하나이고 해와 그림자도 한 몸이더라
만나는 것보다 잃어버리는 것들이 더 많아서
언제부터인지 웃음이허(虛)하고 눈물의 염도가 농하다
햇볕이 그렇게도 달더니
석양이 이렇게도 시리다
억새밭에 바람이 분다

억새의 등살이 굽는다
주워가려해도 허공이 만류한다
담아가려해도 시간이 불허한다
놓기가 아파서 뿌리에다 힘을 주건만 단풍이 호통을 친다
세상은 잠시 인(因)과 연(緣)이 걸어가는 길목이라
길 건너
우체국의 불이 꺼지기 전에
편지라도 부치고 싶다

일모도원 日暮途遠

징검다리를 건너야 강이 되는데
흙탕물과 섞여야 바다가 되는데
끝과 끝을 이으려고 아래로 흘렀나
강과 강을 이으려고 둑으로 흘렀나
선과 선이 만나야 잉태를 하는데
비늘 세운 날이 많아서
등지느러미는 닳고
해마저 기우는데
보폭은 무겁고
다리가
짧다

고래의 등을 타고

어제는 고래를 잡으러 산으로 갔다
오늘은 고래를 잡으러 술집에 갔다
한 가닥 닻줄로
두 바다를 품고
밀물과
썰물이
수없이 교차하는 술잔을 들고
고동이 우니
波高가 높다
그 바다에는 달이 두 번 뜨고
그 술잔에는 꽃이 네 번 진다
사내는
고래의 등을 타고
버뮤다로
갔
다

이제야

전봇대한테 걸음마를 배웠다
벌 나비에게 꽃 이름을 물었다
비구름에게 무지개를 물었다
횡단보도에서 너의 발자국을 밟았다
아이들에게서 나의 그림자를 밟혔다
이제야
자리가 부끄러워
이름이 부끄러워
껍데기를 벗어도
하늘이
높고도
멀
다

서민의 삶

돌아도 제자리이고
흘러도 제자리이다
가락이 끝나면 노래로 이어지고
골짜기를 지나면 능선으로 이어지니
삶이란
꽃인듯하면서도 꽃이 아니고
자유로운듯해도
칡넝쿨과 등나무사이에 매여 있다
누가 던진 돌이 아니라
내가 뿌린 돌팔매로 내가 아프다
어제는 신의 입속에 있었고
오늘은 사자의 입속에 있다
살을 물려주어야 노래가 되고 뼈가 녹아야 춤이 된다
소리인 듯해도 울림이 아니고
보이는 듯해도 보이지 않아서
바람이
삶을
업고 산다

不二

닳은 구두를 보니 나 혼자 걸어온 길이 아니다
낡은 외투를 보니 나 혼자 살아온 것이 아니다
있는 듯
없는 듯
나를 걷게 했고 나를 웃게 했다
나무와 산이 둘이 아니듯
바다와 섬이 남이 아니듯
마음과 내가 둘이 아니다
내 가슴에다 집짓고 사는 마음은
수시로 안색을 바꿔가며 육신을 길들이지만
훈련된 몸뚱이는 거절 한 번 해보지 못하고 복종해야
만 했다
봄날엔 꽃잎에게 이끌렸고
여름에는 그늘을 사랑했다
지폐한테 흔들리다가 주머니에게 미안했다
명함한테 아부하다가 이름표가 구겨졌었다
가난해서 탐했고 탐해서 허기졌다
빈틈없는 길이 있으랴만
허물없는 삶이 있으랴만
가슴에다 둑을 치지 않았다면
가슴에서 둘이 살지 않는다면
강은 흘러가고
숲은 이어진다

사부곡

코 묻은 이름표를 달고
제 삶의 머슴인줄도 모르고
누구의 아비노릇 한다고
그 옛날에 부친이 불렀던 노래를 따라 부른다
아비로 살면서도
할배로 살면서도
부친의 그 노래가 외로움이었음을
부친의 그 가락이 응어리이었음을
스물한 살이 세 번이나
겹치도록
몰랐다
부친의 가슴에다 불을 질렀던
스물한 살의 사내가
오늘은 술잔으로
불을
때고
있다

바람의 술

아버지의 그림자를 따서
제사상에 올리니 바람 아닌 것이 없다
항아리에 뜬 달빛을 건지다가
돌아보니
바람이 곁에 있다
달빛 한 조각 띄우려고
소주 한 동이 빚으려고
生活의 종이 되어
밤마다
뒷산을 올라야했던가
아
아
이슬이었다
물안개였다

술잔에다
바람이
자리를
잡는다

목욕탕에서

몸뚱이가 거울이다
이마의 강은
서쪽으로 흐르는데
가슴의 물줄기는 뒷산에 묶여있다
바람 따라
나룻배하나 띄우지 못한
사내도
예전에는
아래턱이 없었다
군살들이 없었다
자업자득이라
자승자박이라
몸은 살아온 과정을 말한다
몸은 걸어온 자취를 표한다
나를 위해 즐겼던 것들이 비만이 되었으리라
나를 위해 훔쳤던 것들이 풋살이 되었으리라

되돌아가고픈 시간
손끝에 닿은 하늘 잡고 밀었다가 당겼다가
밤을 향해 침몰하는 깨고 싶지 않은 꿈

젊은 날의 메모를 보았다

50대 초반에 쓴 메모였다
흘려 쓴 글씨가 바빴던 상황을 짐작케 한다
어쩌면 평생을 또박또박 정자로 써본 적이 없는 것 같다
빠듯했다고
힘겨웠다고
연습으로 끝마친 나이가
복습으로 낭비한 세월이
흘림체로 고스란히 담겨있다
시계추 타박만 했던 날들이 되돌아오니
젓가락질했던 손가락이 부끄럽다
짜다고
맵다고
흘겼던 시선들이 독이 되었고
맛있다고 편식했던 날이 둑이 되었다
아무렇게나 흘렸던 언어들이 황혼에 덫이 되고
무심히 던졌던 씨앗들이 쭉정이로 돌아오니
상상은 무너지고
사물은 흩어지고
거울 속에는 혼자뿐이라
사막에 어둠이 내리기 전에
낙타야 발굽을 들어라
또박또박 찍으면서
걷자

메아리

나무 혼자서는 집을 지을 수 없다
나무 혼자서는 배를 띄울 수 없다
산을 혼자서 세울 수 없듯
강을 혼자서 메울 수 없다
교감을 나누는 것이 나무뿐이랴
天地를 나누는 것이 나무뿐이랴
나무한그루 가슴에 없다면
그대는
메아리를 모른다
서로에게 가슴을 내주고
서로에게 다리를 걸치고
우거지제
살아야
산이 운다

꿈이 없는 사람이다

새들이 집을 짓는 것은 알을 품기 위해서이다
사람이 집을 짓는 것은 꿈을 꾸기 위해서이다
새들은 나무에다 터를 잡지만
사람은 사람에다 터를 잡는다
누구 가슴에다 기둥하나 세워주지 못했다면
어느 가슴에다 집 한 채 지어보지 않았다면
꿈이 없는 사람이다

노동은 적자생존이다

나는 중증환자이다
나를 학대해야 살 수 있다
몸을 혹사해야
뱀처럼 간교한 마음을 달랠 수가 있다
노동은 아편이다
긍정의 마약이다
끊을 수 없는 불치병이다
칼 한 자루 덜렁 쥐어주고 전쟁터로 몰아넣은
나의 삶은
살을 베어내고
뼈를 깎아내며
이상의 깃발을 세우려는
족적의 흔적을 남기려는
전사자명단에 이름 한 줄 올리려는
몸부림이었고
절규였다

몸으로
꿀을 따는
노동은 적자생존(適者生存)이다

있다, 잊다

주민등록증에는 내가 있는데
사업자등록증에는 내가 없다
구름무늬 옷을 걸친 사진만 있다
실종신고라도 하고 싶은데 본인이라서 할 수 없다고 한다
노잣돈도 없이 알몸으로 어디 갔을까
전단지라도 찍어서 돌려야 할까
몽타주라도 그려 넣을까
여기 있는 나는 누구일까
저기 있는 나는 무엇일까
밖의 나
안의 나
나를 드러내자니 춥고
나를 한 겹 더 입자니 덥고
유리관에 갇힌 이름이 아파서
나이가 아파서
바람에게
물었다

가마솥에서 나이가 익어간다

그대와 하루를 더 살았으니
그대와 하루를 또 웃었으니
휘어진 길이
가마솥에서 나이로 익어간다
둘이서
하나의 문패를 달고
고구마를 굽다가
아궁이를 달래니
가마솥에서는 나이가 익어간다
그림자가 길어지니
사랑해서 간절하다
몰랐다
몰랐다
그대와 함께하는
오늘이
내 삶의 절정인줄 몰랐다

立冬에

족적은 그늘에 묻히고
바람의 털만 수북하다
가슴구멍 숭숭한데 창호지는 발라서 무엇 하랴
아궁이에 불씨 꺼지지 않았는데 달력이 시리다
겨울 문턱에서
땅거미를 잡다가
늙은 산지기가 술독을 깬다
들어보라
뱉어내는 말이 다 염불이다
쏟아내는 욕이 다 염불이다
외로울 때는 욕설이 힘이다
시린 날에는
술주정이
힘이다

교차로에서

그의 눈물로 나는 웃었다
그의 상처로 나는 살쪘다
그의 죽음으로 나는 살고
그의 부활로 나는 죽었다

가로를 줄이지 못하면서
세로를 부리지 못하면서
십자가를
흉내 내고
섰다

무릎이 아프다

세상의 반 바퀴도 돌지 못했는데
무릎이 쉬어가자고 한다
미안하다
무릎아
내려놓자고 어깨한테 사정도 했다만
높이를 낮추자고 눈한테 사정했다만
그림자는 길어지고
갈매기가 재촉하니
분주해지는 나이라

절뚝거리는 다리를 짊어지고
땅거미 지는 언덕을 오를 때
상처 많은 과일이 더 달다고
외치는
과일장수의
호
객
소
리

긴 가뭄 끝에

삶의 서곡이다
소생으로
재생으로
밭은 환희가 넘치고
논은 세상으로 물대기를 한다
물이 잉태를 하고
둑이 둑을 허무니
시작이라
땅과 하늘 사이에 강이 흘러야할 이유이다
삶과 죽음 사이에 강이 흘러야할 이유이다
저녁과 아침사이에 밤이 있는 것은
가로와 세로의 교차로이기 때문이다
간절하면 꽃을 피운다
간절해야 배를 띄운다
오늘은
멍들은 가슴에다
술잔을
띄우자

묶인 동사는 불이 될 수 없다

군고구마를 팔아보지 않았다면
찹쌀떡 소리를 질러보지 않았다면
배추밭에다 오줌 한 번 갈겨보지 못했다면
오월의 꽃밭에다 불 한 번 질러보지 못했다면
그 삶은 피동사이다

소리를 질러야 불이 보인다
숨이 넘어가야 불이 보인다
미지근하면 가슴을 움직일 수 없다
미지근하면 속살을 태울 수가 없다
바람이 꽃을 피우는 것은 그 속에 불이 타기 때문이다
사람이 불을 피우는 것은 그 삶에 맥이 뛰기 때문이다
추운 밤이 있었기에 동사가 숨을 쉰다
아픈 날이 있었기에 동사가 말을 한다
세상의 동사는 불이라
거리의 등불이 동사라

무덤은 갈비뼈 속에 있다

높이에 연연하지 말자
넓이에 붙들리지 말자
무덤은
바람의 결정이고
저울의 눈금이며
삶의
깊이다
화해를 하면서 서로의 손을 잡아주지 않았다면
용서를 하면서 가슴을 치료해주지 않았다면
한 지붕 아래 살면서
한 곳을 바라보지 않는다면
살아있는 무덤이라
이정표 하나 세우지 못하면서
자신의 묘비를 세우려고
밤마다
바람을 부리는 사내야

너의 무덤은
너의 갈비뼈 속에 있다

횡단보도에서

시간에 횡단보도라도 있었다면
너에게로 건너갔을 텐데
길은 묻히고 신호등은 언제나 적색이었다
무단으로 건널 수도 있었지만
발목을 잡은 것은 세월이었다

갈라놓은 것이 신호등만이 아니다
멀어진 것이 거리만이 아니다
시간도 인색하지 않았고 거리도 멀지 않았다
그대가 멀리 갔었고
나 또한 멀리 있었다

오늘 밤에도
횡단보도에는 파란불이 켜지지 않는구나
보이면서도 보이지 않는
길 건너
사람아

소중한 것은 따로 있었다

느리게 살겠다고 귀촌했는데
오리걸음만 축내고
마음도 분주했었다
축령산을 올라간 적이 없다
북한강에도 가본 적이 없다
자라섬에도 가본 날이 없다
들꽃 한 번 꺾은 적도 없다
구두 한 번 광낸 적도 없다
무엇을 했기에 거울 한 번 닦아주지 못했던가
무엇을 했기에 아내 한 번 안아주지 못했던가
이제라도
해바라기 삶을 포기하자
달맞이꽃처럼 살지 말자
낮이면 잣나무를 안고
밤이면 두견새를 품자

아내야
정말 미안하다

내가 잡초인 것은

땅 맛에 길들여진 뿌리이기 때문이다
새들에게 가지를 내주지 못해서이다
그림자를 끌어안지 못해서이다
무인도를 끌어안지 못해서이다
곡선으로 살지 못해서이다
고개를 쳐들고 살아서이다
땅문서를 탐했기 때문이다
신의 소유를 내 것이라 떼를 쓰다가
등기하고
저당하고
매도했다
강남에다 뿌리내리지 못해서 한강이 시렸다
명동에다 점포 하나 내지 못해서 내가 미웠다
시래깃국 한 사발이면 족한데 고깃국을 탐했다
가지고 갈 수 없는 것을 쌓아두지 못해서 울었다
풀잎의 이슬 한 방울이면 족한데 밤마다 우물을 팠다
내가 잡초인 것은
열매도 씨앗도 아닌 것을
사랑했기
때문이다

문은 가슴에 있다

믿었던 것은 허상이었다
취했던 것은 바람이었다
걸었던 길은 황무지였다
땅에서 바람의 끝을 보았다
강에서 바다의 끝을 보았다
어머니의 긴긴밤이 어제다
아버지의 무인도가 오늘이다

붙잡았던 것들이 나를 놓아주지 않는다
좋아했던 날들이 나를 희롱하고 울린다
마셨던 것으로 목마르다
즐겼던 것으로 우울하다
삼켰던 것으로 허기지다
나를 가둔 것은 나이다
나를 때린 것도 나이다

문은
가슴에 있다

3부

이제야 이름을 지었다

산물 産物 이다

바람한테 속옷을 팔아서 이름을 바꿨다
반달에게 이름을 팔아서 뱃속을 채웠다
그림자는 원인을 닮아간다
이름표는 과정을 닮아간다
돌아보니
삶의 반절은 원인이었고
삶의 절반은 과정이었다
모두가 보이는 것들이었지만 보지를 못했다
모두가 배운 것이었지만 풀어내지를 못했다
바람 탓이 아니다
구름 탓도 아니다
바람 뒤에 숨어있는 비밀이 있었다
구름 위에 감추어진 열쇠가 있었다
폭풍 칠 때 그 분노를 들어보라
천둥 칠 때 그 음성을 들어보라
삶은
원인과 과정의
산물이었다

내 삶의 불찰이었다

만남이 덜 익었던 탓에 이별마저 서툴렀다
절뚝대던 시간에 종지부를 찍었다
삐걱거리던 바퀴에 대못을 질렀다
엄마한테 배운 걸음마가 아니어서 부끄럽다
세월한테 익힌 제스처가 아니어서 미안하다
이제야 누룩에서 철이 난다
이제야 바람으로 달이 운다
술과
달이
시
리
다
한 줄의 시도 못쓰고
벼루는 실종되고
먹물마저 말랐다

그대를 만난 것이
내 삶의 불찰이었다

이제야 이름을 지었다

풀잎이 나의 이름이라
뱁새가 나의 몸뚱이고
달빛이 나의 거울이고
바람이 나의 형상이라
저 산이 나의 주소인줄 몰랐다
저 강이 나의 무덤인줄 몰랐다
굳은살이 세상의 바닥이고
무소유가 갑옷인줄 몰랐다
세상은
이름으로
사람의 숲에다
뿌리를
내
린
다

지워져야 내가 있다

반쪽을 내어주려니 한 쪽이 아프다
반쪽을 내려놓으니 한 쪽이 기운다
아프지 않고서 돌이 다듬어지랴
기울지 않고서 저울추가 보이랴
뒷산의 이끼 서린 바윗덩이가 아집이라면
앞산의 뿌연 안개는 서리 내린 가슴이라
풍파에 찢긴 세월이 안타까운데
정에 맞은 자리가 아물지 않았는데
또다시 망치를 내리치는
신이여
왼쪽을 내어주었는데도
오른쪽마저 바라시는가
내려놓겠다고 하면서도 누구를 내릴지 모르겠다
버리겠다고 하면서도 무엇을 버릴지를 모르겠다
수없이 버렸지만 아직까지 내 안에 그대로 있다
밤마다 내려놓았지만 아침이면 그 자리에 있다
문지방 닳도록 노래방에 갔어도
내 노래는 한 곡도 없었다
비싼 구두 한 컬레가 없다

내가 지워져야 내가 있다

아내의 환갑에

부어오른 발목으로 산을 세운 사람아
황무지에다 소망을 심었던 여인아
나를 만나서 누룩이 된 여자야
날마다 물길을 냈기에
가을 들판에
이삭이
무겁다

술 한 동이 띄우려고
발바닥이 닳도록
산길을 올랐던
여심이여

그대의 노래가 술이 된 줄도 모르고
그대의 눈물로 술을 익힌 줄도 모르고
안주타령만 했다
운세타령만 했다
돈타령만 했다
달타령만 했다

아비의 무게

업혀서 바라보는 하늘과
업고서 바라보는 하늘이
다른 것은
세월의 부피 때문이 아니다
바람소리에
진눈깨비에
어깨로 파고드는
공허의 무게

가지 끝에
바람이
매
달
린
다

물음표의 늪에서

고통이 매워서 달다
인내가 시려서 달다
앞강이 썩어서 운다
강물이 불어나서 건너지 못하는 것이 아니다
나룻배가 없어서 건너지 못하는 것이 아니다
산을 덮은 눈이 녹지 않아서이다
덫에 걸린 달이 익지 않아서이다
서민의 해는 죽었다
촌놈의 달은 죽었다
처방전 없는 약을 날마다
복용하는
거리의 간판은
임상실험용인가

맨발과 맨손

하나는 땅을 딛고 하나는 별을 땄다
둘은 처음부터 가난했다
둘은 처음부터 바보였다
둘은 처음부터 울보였다
손이 아픈 날에는 발이 울었다
발이 우는 날에는 손이 아팠다
선악과를 딸 때도 둘은 공범이었다
산불을 놓을 때도 둘은 공범이었다
발뺌할 때는 손바닥이 울었지만
쉽게도 용서해주는 것이 손이라
맨발의 기적이라 말하지만
쌓아올린 것은 손바닥이다
씻겨주는 것은 손이지만
업어주는 것은
굳은 등살이다

아내야
고맙다

당신에게

수십 년이 구름이고
숫한 날이 바람이라
숙제는 쌓이고
연필이 닳아서
외로움이
깊어지니
간절하다
벽은 더 높아지고
강은 더 깊어지고
나이테 속에는 바람이 무성하다
지는 해를 보면서도
당신의 그림자를 보지 못했다
같이 살면서도
매일 보면서도
아내야
당신이
나의 살결인줄 알았다

사회생활

아이들이 눈사람을 만든다
어떤 아이는 길쭉하게
어떤 아이는 짤막하게
어떤 아이는 단단하게
어떤 아이는 술렁술렁
제 키에 맞춰서 높이를 정한다
제 멋에 겨워서 덩치를 만든다
아버지한테 배운 놈
선생님한테 배운 놈
훔쳐보면서 만드는 놈
주먹구구로 만드는 놈
앞서가는 놈
뒤처지는 놈
콧대를 세우는 놈
입술을 칠하는 놈
보톡스를 맞는 놈
금붙이를 다는 놈
별의 별
눈
사
람
이
다

아내를 기다리며

매주 월요일은 아내가 신학교에 가는 날이다
아침 6시까지 청평역에 바래다주어야 한다
산속생활은 차가 없으면 불편하다
추운날씨에도 불구하고 등굣길에 오르는 모습
참을성부터 배운 꽃이라
아내로서
어미로서
흘려보낸 강물은 얼마나 많았으며
묻어버린 한숨은 얼마나 깊었으랴
하늘이 높지 않았다면 견뎌내지 못했으리라
바다가 깊지 않았으면 배를 띄우지 못했으리라
바람 자고, 비 그치니 노을이 붉다
곁에 살면서도 그리워하고
함께 하면서도 기다려지니
만년에
즐거움인지
외로움인지

오후 7시
자동차를 몰고 마중을 나간다
아내는 어디서 내릴까
마음이 자꾸만
정류장에 내린다

돌을 접어서 학을 만들면

날아갈 수 있을까

아무리 가벼워도 접히면 날 수 없다
생각이 붙들리면 날개가 될 수 없다
더하지 않아야 바람이 보인다
곱하지 않아야 바람이 보인다
사람이 보여야 그림자를 볼 수 있다
뒷강을 안아야 앞산을 세울 수 있다
세우려면 허물어야 한다
높이려면 낮추어야 한다

날개엔 군살이 없어야 한다

고향

한 때는 뜨거운 가슴이었지만
한 때는 아내의 가슴이었지만
나의 고향은 그리움이라
나의 고향은 기다림이라
국화에
서리가 내리니
팽나무가 올려다 보이고
서까래가 듬직해 보인다
아버지의 무덤이 보인다
어머니의 백발이 시리다
수많은 밤이
절반의 사랑으로 외로웠지만
절반의 그리움으로 행복했다
달빛이 쌓이니
외로움이 힘이 된다
그리움이 힘이 된다

기일이 다가오는데

아버지의 마흔 한 번째 기일이다
내게 맡겨놓고 가신 아비라는 짐의 무게를 달아보니
어머니의 그림자보다 가볍다
어머니의 허리를 굽어지게 한 것은 세월이 아니었다
어린 6남매의 장래이었다
낮이면 모래밭에다 물길을 내고
밤이면 가파른 돌산을 넘어야 했던 어머니
안간힘을 쓰시면서 버텨온 세월에
무심한 백발이 아프게도 피어있다
평생을 덧셈을 할 줄 몰랐던 어머니가 계셔서
평생을 곱셈을 할 줄 몰랐던 어머니가 계셔서
아침이면 이름으로 얼굴을 씻으며
저녁이면 거울로 가슴을 닦아내며
별을 따서 항아리에 우릴 줄 안다
아버지를 일찍 여읜 것은 달밤이다
절반의 빛으로 자라나야할 식물을 가정해보면 이 얼마
나 아픔인가
하지만 남은 절반의 빛이 눈부시게 따뜻했고 밝아서
빈자리를 채워주었기에 6남매가 누구하나 기울어지지
않았다
청년시절에도 내 가슴은 항상 반쪽이었다
그리움으로
허전함으로

채워지지 않는 목마름을 끌어안고 세상을 걸을 때면
어머니는 나의 오아시스였다
아버지는 나의 반쪽 일기였다
오늘밤
어머니의 눈물로 축문을 쓴다

고백

문득 눈을 떠보니 모가지가 하나 더 붙어 있다
떼어내려 해도 떨어지지 않는다
모가지가 둘이다
창문도 사방이다
부산하게 드나드는 탓에 문지방은 헐고 설왕설래하니
소리가 운다
내다보니 휑하니 가버리는 바람의 뒷모습이 무심해서
또다시 문고리를 걸었건만
어느새 불어 닥치는
또 다른 바람
온종일 삐걱거리는 마음을 붙잡고 문설주에다
기름칠을 했다
헐렁한 문패에다 새살을 채우려고 팔자걸음을 걸었다
품은 것이 불이면 삶이 뜨겁고 가진 것이 얼음이면
시리리라
품은 것이 그림이면 죽어있고 품은 것이 사람이면
그림자라
허수아비의 모가지를 비틀다가
먹혀버리는 것이
일상이다

각(角)

네 탓
내 탓
… 탓
… 탓

보름달은 각이 없어서 둥글다
어머니는 탓을 몰라서 고웁다
강물은 각을 모르고
바람도 각을 모른다
꽃잎을 따면서
각을 세우자니
달빛이
아프다
생각이 먼저 보기 때문에
굽어보인다
미워보인다
가슴이 닳아지고 나면
송곳이 없어지고 나면
모두가
흐른다

군살이 새살이 되는구나

생활이 고삐라면 황소는 누구이며 고삐는 무엇이냐
나룻배는 무엇이며 물길은 어디로 인가
제 발자국을 짊어지고 가는 초로의 언덕길이 미끄럽다
모래바람은 부는데 폭염을 피할 그늘이 없다
길을 물어도 이정표는 답을 주지 않고
무심한 석양은 침묵을 한다
간밤의 서운함이 가라앉으니 아파서 맵다
갇혀있는 내가 밉다
별을 우리니 밤이 길다
달이 밝아도 길이 멀다
속살을 베어내니 살결만 수북하다
머리카락은 쇠는데 무엇이 고삐를 죄는지
누가 뱃전을 흔드는지
바람의 멱살을 잡은 것이 아집은 아닐까
아이들의 등을 치는 것이 고집은 아닐까
헐렁한 삶이 추워서 우는 게 아니다
어깨가 무거워서 힘든 게 아니다
철없이 군살배긴 세월이
미워서
운다

(자식들에게 화를 내고)

당신에게

수십 년이 구름이고
숫한 날이 바람이라
숙제는 쌓이고
연필이 닳아서
외로움이 깊어지니 그리움이 된다
벽은 더 높아지고
강은 더 깊어지고
나이테 속에는 바람이 무성하니
지는 해를 보면서도
당신의 그림자를 보지 못했다
같이 살면서도
매일 보면서도
아내야
당신이
당신이 나의 살결인 줄 알았다

단장(斷腸)

위를 전절제해야 한다는 진단결과이다
마음이 먼저 토막 난다
그동안 자그마한 위주머니를 채우려고 밤잠을 설치고
끼니를 굶으며
무릎이 시리도록 산길을 헤매고 물길을 건넜다
아직도 소화시키지 못한 것이 남았는데
땅덩이며
빌딩이며
통장까지
산을 통째로 삼키고 싶었다
강을 통째로 마시고 싶었다
용을 잡고
봉을 타고
은하를
누비며
거리마다 상호를 걸고 싶었다
동네마다 문패를 달고 싶었다

위산의 일거리를 앗은 것은 누구이냐
위액의 먹거리를 앗은 것은 무엇이냐
몸뚱이의 아픔을 무엇으로 보상해줄까
살붙이의 이별을 무엇으로 위로해줄까
비우는 연습뿐이리라
내리는 실습뿐이리라

암 진단을 받고서

이제야 사람이 보인다
이제야 달빛이 보인다
산 아래 살면서 산을 보지 못했다
강 곁에 살면서 물을 보지 못했다
먹구름이
쏟아지니
산에다 돛배를 띄워야할까
들에다 등대를 세워야할까
피난처가 없어지고
돌파구가 사라졌다
벗어버리지 못했던 옷이
비워버리지 못했던 날이
춥고도
무겁다
더하지 않았다면 저울추가 두렵지 않을 것이라
곱하지 않았더라면 잣대가 무섭지 않을 것이라
예측할 수 없어서
가늠할 수 없어서
삶은
수험생이라

병상에서

뒤가 보이고 옆이 보인다
내가 보이고 네가 보인다
허물을 벗고 우는 것이 매미뿐이랴
살아있는 것들은
아픔으로
거듭나니
산통으로 어미가 되듯이
해가 져야 달빛이
익
는
다
시집보내지 못한 딸애가 밟히는데
고향 언덕의 노송이 눈에 밟히는데
바람이 매섭고
구름이 무겁다

병상을 지고 가니
내가 무겁다

병상에서2

누구의 길이 되어준 적이 없었다
누구의 이정표가 되어준 날도 없었다
불 한 번 지르지 못했기에 등댓불도 밝히지 못했고
노숙자들의 나침판도 되지 못했다
단 한 번이라도
밤잠을 못 이룬 자의 아침이 되어준 적이 있었던가
터미널 대합실에 걸린 시간이 되어준 날이 있었던가
병상에 누운 자의 부목이 되어준 날이 있었던가
편법을 쓰면서도 정당화하려고 하지 않았던가
개구멍을 드나들었던 시간들이
암보다
더한 고통이라

無題

꽃게처럼 느리게 살면 된다
오이같이 싱겁게 살면 된다
세상에는 사람이 있다
사람에겐 세상이 있다
식탁에 올라갈 소망이 있는 한 변신의 고통을 달게
참으리라
만찬에 데뷔 할 시나리오가 있으니 조연의 아픔을
감내하리라
다시 소망은 일어난다
다시 꽃들은 피어난다
봄은
살아남는 자의 몫이라
꽃은
견뎌내는 자의 상이라

아픔을 피하려는 것이 본능이지만
아픔을 감내하는 것은 운명이랄까

(병상에서)

벽 앞에서

콘크리트로 다져진 담벼락을
가시덤불이 우거진 울타리를
회한의 돌무덤을
연민의 초라함을
증오하면서
품어야했다
내 안에 있는 담석
내가 만든 돌이다
송곳으로 찔렀더니 피가 나온다
아!
아!
내 안에도 정이 있었구나
내 안에도 네가 있었구나

아이야

꽃을 보지 말고 바람을 보라
잎을 보지 말고 하늘을 보라
보이는 것이 꽃잎이 아니다
들리는 것이 소리가 아니다
꽃의 중심은 허공이고
삶의 중심은 침묵이라
아이야
꽃의 가운데는 바람이 없듯
길의 한가운데는 선이 없고
삶의 가운데는 젖지 않는다
아이야
길이에 붙들리지 말라
넓이에 연연하지 말라
높이에 매달리지 말라
과녁에 얽매이지 말라
삶의 중심은
가슴이라

속에 들어앉은 것은

(　　) 속에 들어앉은 것은
(　　) 속에 드러누운 것은
해의 무덤이다
달의 비석이다
나의 시체이다

길은 다시 불모지로 돌아가고
강은 다시 늪으로 흘러가는데

언젠가는
무지개가

(　　)속에다
알을
낳
을
것
이
다

얼음을 뚫다가

자고나면 거듭되는 얼음의 두께

빙어 새끼 몇 마리 낚겠다고
송어 새끼 몇 마리 잡겠다고
가슴에다 구멍을 뚫고 있다
병상에다 땜질을 하고 있다
생각이 얼어버리니
시선이 굳어버린다
달빛이 굳어버리니
하늘이 얼어붙었다
부동의
침묵이
무언의
고뇌가
나를 가둔다
아 !
아 !

아집이 빠진 자리에

나무를 찍은 것은 금도끼가 아니다
과거를 찍은 것은 은도끼도 아니다
쇠도끼도 아니다
나를 찍은 것은 내안의 나이다
열매 하나 세상으로 돌려주지 못했기에
새들에게 가지하나 내어주지 못했기에
자신을 사랑하지 못했었고
자기를 믿어주지 못했기에
나무로 서지 못했고
숲으로 살지 못했다

폭풍이 지나가니
아집이 죽어간 자리에서
움이
튼다

선량해서 죄이다

기름 먹은 뱀들은 더 이상 뱀이 아니다
기름 바른 새들은 더 이상 새가 아니다
미꾸라지는 빠져나가고
올챙이의
꼬리를
자른다
선량해서 죄이다
무지해서 죄이다
건강을 위한답시고 담뱃값을 올리더니
부패방지 한다고
풍선에
바람만
채운다

꼬리 잘리는 아픔을 미꾸라지는 모른다
타들어가는 갈증을
기름 먹은 뱀은
모른다

횡설수설

어디서 불어오는지
어디로 따라가는지
아니다, 처음부터 바람은 곁에 있었다
보지 못했을 뿐이다
어제는 허수아비를 흔들고 오늘은 돛단배를 희롱했다
바람의 뿌리는 무엇인지
바람의 주소는 어디인지
가슴에다 바람의 뿌리를 내리고 살기 때문에
세상에는 바람 잘 날이 없다
가슴으로 따려하지 않고 손으로 따기 때문에
바람이 익지 않는다
소중한 것을 내어주지 않고서는 바람을 볼 수 없다
가을밤 낙엽송을 보라
내어주었기에 골고루 달빛을 흡수한다

바람이 세상을 움직이고
세상의 태반이 바람이라

바람을 물어다가
허공을 채웠더니
금고가
무겁다

횡설수설2

마당 한 쪽에 작은 연못을 팠다
장마지난 웅덩이가 개구리 공연장이 되었다
노래 부르는 놈
발가벗고 꿈틀대는 놈
하늘에다 침을 뱉는 놈
부산하다
집주인이 보는 줄도 모르고
집세도 밀리고 살면서
물값도 내지 않으면서
달밤에 앙살이나 부리면서
제 것이라
도장 찍고
개굴
개굴
밥상을
물린다

석양을 보면서

해를 　다가 걸음이 지쳤다
불을 구워도 속살이 차갑다
예전처럼 뜨거운데 오늘은 아궁이가 차갑다
그때처럼 간절한데 오늘은 삶이 끓지 않는다
성급하게 불맛을 보려고 했던 탓일까
조급하게 태양을 닮으려 했던 죄일까
탓의 올무에 걸린
하루하루
병상의 침대가 훌쩍 야위어버린 등을 물어뜯을 때면
아프다고 비명을 질러도 바람에 묻혀가는 무심
아프기 전에는 아픈 자의 고통을 알지 못했다
돌아보기까지는 바닥이 얼마나 시린지 몰랐다
불꽃을 따려고만 했지 불의 횡포를 몰랐다
연단의 아픔을 외면하면서 불을 사랑했고
사랑의 이름으로 울었던 젊은 날들
수심이 깊어질수록 낙조가 짙다
사내야
보이지 않는 것을 보라
그리고
스스로 자유 하라

신도 외로우면 죽는다

자기를 위해서 우리를 만들었고
자신을 위해서 우리를 길들였다
찬양 받으려고 입술을 만들었고
높임 받으려고 하늘을 만들었다
별을 뿌렸고 달을 심었다
해를 세웠고 삶을 심었다
인간은 신을 떠날 수가 없지만
신께서도 인간을 버릴 수 없다
받들어줄 인간이 없으면 신도 외로워서 죽는다
찬송해줄 입술이 없으면 신의 잇몸들이 시리다
외로움으로 죽어가는 것을 보라
그리움으로 소진하는 것을 보라
신이나 사람이나 가장 두려워하는 것이 고독이다
신을 본 사람은 없지만
신을 아는 사람은 있다
나무가 흔들린 후에야 바람이 보이고
파도가 출렁인 뒤에야 바다가 보인다
단풍이 지나간 후에야 가을이 보이고
홍시가 떨어진 뒤에야 땡감이 보인다

이 땅에 오기 전에는

바람이었다
빗물이었다
무슨 옷을 입었을까
어떤 신을 신었을까
무색이었을 게다
맨발이었을 게다
아니라
아니라
그냥 무기질 이었다

티끌로 떠돌다가 흙으로 뭉쳐지고
흙이 다시 살이 되니
바람이
소리를
품었다

나의 시는 죽음과의 흥정이다

당신이 원하는 삶이 이렇게도 매운가요
당신을 닮은 생활이 이렇게도 시린가요
당신이 주신 열매가 이다지도 떫은가요
당신의 뜻이 이렇게도 멀리에 있는가요

오늘은 내가 무엇으로 버텼는지 아시나요
내가 누구의 이름으로 죽었는지 아시나요
절망할 때마다 내가 누구인가를 묻습니다
무너질 때마다 내가 무엇인지를 묻습니다

그래도
시를 쓸겁니다

나의 시는 죽음과의 흥정입니다

나의 둥지로 날아들었다

처음 만났을 때 그대는 한 마리 어여쁜 새였다
쌍꺼풀 진 맑은 눈동자에 단정했던 옷매무새의
여린 새가 나의 둥지로 날아들었다
내게다 마음 하나 의탁하려 했을 뿐인데
내게로 외로움을 덜어내려 했을 뿐인데
나의 둥지가 좁았다
새야, 미안하다
너의 몸뚱이 하나 가려줄 자리가 되지 못했구나
너의 가슴 하나 들여놓을 자리가 되지 못했구나
눈비를 가려줄 지붕 하나 얹어주지 못했구나
바람을 막아줄 나무 하나 심어주지 못했구나
새야
그날엔 너의 날개가 우아한 줄 몰랐다
그날엔 너의 소리가 가락인 줄 몰랐다
좁지만 마음을 비비면서 살자
좁지만 얼굴을 부비면서 살자
둥지 밖에는 바람이 세차다
새야
봄이 오면 꽃밭에서
우리
털갈이하자

문패도 걸지 않겠습니다

모든 일은 나로부터였습니다
얼마나 잘못 걸어왔는지 보입니다
그동안 얼마나 불평하고 살았는지
그동안 얼마나 우쭐대고 살았는지
날마다 나를 기망하면서 전등 아래서도 어두웠습니다
밤마다 당신을 속이면서 솜이불 속에서도 떨었습니다
삶을 농락하면서 나를 즐겼습니다
돌팔매가 되어 되돌아오니 오늘이 암보다 더 아픕니다
탐내서 불렸던 것이 병이 되는 줄 몰랐습니다
속여서 즐겼던 것이 암이 되는 줄 몰랐습니다
세상으로부터 받은 기도를 되돌려주지 못하고
타인으로부터 받은 사랑을 감사하지 못했으며
단감을 따면서 땡감의 슬픔을 몰랐습니다
웃음을 사면서 뿌리의 주소를 잊었습니다
그 많은 허물에 견주면 지금 겪고 있는 고통은
아무것도 아닙니다
신이시여!
이제야 조건 없이 항복합니다
이제야 이유 없이 항복합니다
이름도 팔지 않겠습니다
문패도 걸지 않겠습니다
내 것은 없습니다
나도 없습니다

인간의 이상(理想)과 시화(詩化)적 유토피아(utopia)

안 익 수 (시인, 한국문인협회 편집위원)

김천복 시인을 두고 '나룻배 시인'이라 했다.

멍에의 고통 없이 어찌 꿈을 말할 수 있으랴.

구름 없는 하늘이 어디에 있으며 물 없는 강이 흐르던가.

그는 생명의 근원을 발화시키며 인간의 이정표를 세운다. 때로는 거리의 부정한 푯말을 뽑아내며 떨어진 꽃잎을 줍는다. 그 자리에 사과나무 한 그루를 심는 부루나 시인이다.

또한 마음의 '바벨탑'을 허물며 인간의 본능적 아픔을 깊이 성찰하고 있다.

소크라테스는 "예술은 보이는 사물을 산출한다."라고 했다. 이 땅에 드러내지 않은 현실은 없다. 사람이 시가 될 때 시는 비로소 사람의 창조물이 되는 것이다.

그는 사물의 생성과 소멸의 이치에 도전하지 않으며 순리의 언어로 시의 터를 일구어 간다.

그의 시에서 언어의 영혼이 나루에 이르는 양심과 살결을 만나게 된다.

물길이 보이는데
흐름을 몰랐었다
곁에 스승을 두고서
곁에 강물을 두고서

책가방에다 글자하나 채우지 못하고 교문만 들락거렸다
화선지에다 얼굴하나 그리지 못하고 화첩을 접어야했다
축령산에다 나무하나 심지 못하고서 산길을 분질렀었다
문지방에다 자국하나 새기지 못하고 청춘만 축내버렸다
북한강에다 다리하나 세우지 못하고 그물만 깔아놓았다
사람들에게 가슴한쪽 내어주지 못하고 아침을 기다렸다

달빛을 축냈더니 그림이 초라하다
햇빛을 축냈더니 노을이 붉다
이름을 축냈더니
바람이
페달을
밟는다

〈자전거를 타고〉전문

바람을 통하여 삶의 무게와 세월의 짐을 '바람이 페달을 밟는' 시간의 행진에 수를 놓고 있다.

언어의 행진과 삶의 리듬은 생명의 물과 바람꽃으로 피어난다. 인생길 '화첩'에 떨어지는 바람소리는 시인의 미학적 상황이자 존재론적 번뇌의 갈채이기도 하다. 그것은 시인의 터전을 일구는 쟁기이며 자연과의 화답인 것이다.

어쩌면 인간의 숫돌에 낫을 누이는 날카로운 감성의 가락일 런지도 모른다.

울안에 떨어지는 햇살로 꽃밭을 가꾸는 게 아닐까.

바로 '자전거'는 삶의 악보를 읽어가며 길가의 잡초와도 화음을 맞추고 있다.

다시 언어의 봄은 길을 딛고 사람에게로 온다.

아마도 노을로 물든 아침이라는 편지를 배달할 것이다.

그의 내면에 발효된 사상의 창문을 더 열어보자.

땅 맛에 길들여진 뿌리이기 때문이다
새들에게 가지를 내주지 못해서이다
그림자를 끌어안지 못해서이다
무인도를 끌어안지 못해서이다
곡선으로 살지 못해서이다
고개를 쳐들고 살아서이다
땅문서를 탐했기 때문이다
신의 소유를 내 것이라 떼를 쓰다가
등기하고
저당하고
매도했다.
강남에다 뿌리내리지 못해서 한강이 시렸다
명동에다 점포하나 내지 못해서 내가 미웠다
시래깃국 한 사발이면 족한데 고깃국을 탐했다
가지고갈 수 없는 것을 쌓아두지 못해서 울었다
풀잎의 이슬 한 방울이면 족한데 밤마다 우물을 팠다
내가 잡초인 것은
열매도 씨앗도 아닌 것을
사랑했기
때문이다

〈내가 잡초인 것은〉 전문

그의 시적 '숨결의 그림자' 는 온화하고 따뜻하다.

인간의 가면을 벗고 삶의 질서로 달에게 다리를 놓으며 '밤마다 우물' 를 만든다.

삶의 탈이란 짓궂은 장난이며 인간의 처세술이기도 하다. 언어의 불로 달구어진 시상을 '세상의 땅 맛' 으로 노래하고 있다.

그러나 그의 시적 미학은 서로 모의하여 꾸미거나 분장하지 않는다. 형식적 변용에도 그다지 민감하게 작용하지 않는다. 다만 '몸' 속에 '이슬 한 방울' 을 살 녹은 체온으로 품는다.

그러기에 그의 목청은 자연의 현상과 맞물려 돌아가는 톱니바퀴와 같다.

사유의 해체와 물리의 조화를 아름답게 경작하고 있는 것이다. 결국은 그가 타작하고 떨어진 언어의 이삭은 굵고 알차다. 그의 시적 시간과 공간은 사람의 욕망을 제어시키는 팡파레다.

삶의 무게를 저울로 따지기 보다는 욕심으로 물 들은 옷을 벗어 놓게 한다.

그래서 그의 시는 세상의 설거지에 놀아나지 않고 이미 물심의 경지를 초월하고 있다.

그 흔적을 다음의 시는 말한다.

살고 보니 그대 가슴이 꽃길이고
깨고 나니 그대 눈물이 꽃밭이라
바람에 울었던 당신
나비가 울렸던 당신
무엇이 길인지 당신은 이미 알고 있었다.

무엇이 삶인지 당신은 진즉 알고 있었다.
묵묵히 따라준 사람
말없이 참아준 사람

바라지 않아서 꽃이라
말하지 못해서 꽃이라
미움을 몰라서 꽃이라
그대 눈물의 기도가
그대 불속의 살결이
꽃이라
꽃이라
상처로 피는 꽃이 아름답고
울면서 뜨는 달이 고요하다.

꽃으로 맞으니 더 아프다.

〈꽃으로 맞으니 더 아프다〉 전문

김천복 시인의 시상은 사유와 인식의 침묵을 깨는 불꽃놀이와도 같다. 이성과 감성의 굴레 안에서 자아를 냉철히 통찰하고 있다. 그의 시적 숨결은 신에 대한 경건한 숙려(熟慮)일 런지도 모른다.

한낮 이 땅에 심부름 와서 이곳저곳을 기웃거리던 불찰(不察)의 부지깽이가 아니라 치열한 욕망의 담금질로 인간의 옹이와 엉킴과 매듭을 푸는 삶의 써레질이다.

그 까닭은 시적 사상을 노래와 화해로 다독거리는 꿈의 경계에 푯말을 보면 알 수 있다.

그러기에 그의 시적 둥지에는 하늘이 내리고 구름이 알을 품는다. 따뜻한 신앙적 간구가 바람의 숲에 길을 내고 있는 것이다. 까치가 부러진 햇살을 물고 오는 아침에 그의 시심의 울림은 종소리의 메아리며 생명예술의 찬가이자 꽃의 회초리다.

이불은 나의 가림막이다
잡념을 잠재우기에는 이불만큼 편한 것이 없다
상상을 만들어내다 상상에 갇히면 이불은 무인도가 된다
쇠창살로부터 탈출하려고 옆으로 누워본다
어둠 저편에서 나를 응시하고 있는
또 다른 내가
길 건너 술집얘기를 꺼낸다
목구멍을 간지럽히는 감언에 속지 않으려고 다시 돌아눕는다
술보다 어둠이 맛있을 때가 있다
술보다 고독이 맛있을 때가 있다
어둠이 맛 들면 고독과 친해진다
오늘밤은 이불속이 절해고도이다
섬 속의 섬이다
섬을 탈출하려고 노를 젓는다
아무리 저어도 제자리이다
닻이 구들장에 묶여있다
밀물 앞에서 하나씩 하나씩 지워지는 자국이 싫어서
바람 뒤에서 한 잎 한 잎 떨어져가는 낙엽이 아프다
가을밤엔
상상이
맛있다

〈절해고도(絕海孤島)〉 전문

그의 시는 섬에 있지 않다. 하늘과 땅 사이에 있으며 손은 하늘을 붙잡고 발은 세상을 딛고 산다.

마치 구름을 접어 연을 만드는 시심의 페이소스적 의미는 현실이며 미학적 상징이 세상을 꾸짖기도 한다. 그 시적 사색의 명징성은 형이상학적 미의 세계를 연주하는 생각의 힘줄인 것이다.

그의 시상은 삶의 음지에서 양지로 흐른다. 시심은 시의 물결이 되어 바람의 다리를 건너 이상으로 가는 정류장에 내린다. 그는 시에게 아부하지 않는다. 그의 시적 샘물은 사람의 가슴을 축이며 인간의 밥을 짓는다.

그러므로 김천복 시인의 미학적 사유와 영감은 자연의 소리와 몸짓에서 온다.

그럼 다음 시의 손짓은 어디를 가리킬까

닳은 구두를 보니 나 혼자 걸어온 길이 아니다
낡은 외투를 보니 나 혼자 살아온 것이 아니다
있는 듯
없는 듯
나를 걷게 했고 나를 웃게 했다
나무와 산이 둘이 아니듯
바다와 섬이 남이 아니듯
마음과 내가 둘이 아니다
내 가슴에다 집짓고 사는 마음은
수시로 안색을 바꿔가며 육신을 길들이지만
훈련된 몸뚱이는 거절한번 해보지 못하고 복종해야만 했다
봄날엔 꽃잎에게 이끌렸고
여름에는 그늘을 사랑했다
지폐한테 흔들리다가 주머니에게 미안했다
명함한테 아부하다가 이름표가 구겨졌었다
가난해서 탐했고 탐해서 허기졌다
빈틈없는 길이 있으랴만

허물없는 삶이 있으랴만
가슴에다 둑을 치지 않았다면
가슴에서 둘이 살지 않는다면
강은 흘러가고
숲은 이어진다

〈不 二〉 전문

그의 시적 착상은 인간의 존재를 바탕으로 하여 공명한다. 시대의 좌절과 위기를 극복하는 모순의 농축된 상황을 풀기위해 시간을 끌어안으며 '허물' 을 씻어내려는 완강한 메시지다. 그의 침잠은 삶의 본원적인 경사를 가리키며 고통의 문제로부터 삶의 당위성을 건져 올린다. 또한 현실과 초월의 접속을 통하여 구원의 단초를 찾으려는 통사의 줄다리기인 것이다. 언어의 구체적인 반성은 자연과 결부되면서 무상적인 질문으로 일어선다. 언어로 칼을 들지 않고 욕망의 맥박을 누르고 있다. 시에 내포된 의미의 허구를 떠다밀려는 의지가 강열하게 타오른다.

그의 시적 욕망은 사람의 숨결에서 이는 상황과 구원의 간절한 악보다.

그의 삶의 건강한 박동은 '가난해서 탐했고 탐해서 허기졌다' 바로 여기에 있다.

그럼 다음의 시에게 시간의 질문을 던져 보자.

그대와 하루를 더 살았으니
그대와 하루를 또 웃었으니
휘어진 길이

가마솥에서 나이로 익어간다
둘이서
하나의 문패를 달고
고구마를 굽다가
아궁이를 달래니
가마솥에서는 나이가 익어간다
그림자가 길어지니
사랑해서 간절하다
몰랐다
몰랐다
그대와 함께하는
오늘이
내 삶의 절정인줄 몰랐다

〈가마솥에서 나이가 익어간다〉 전문

영혼은 시의 호흡이다. 그 호흡의 언표는 세상의 '가마솥' 으로 대용된다.

이 시의 내밀한 파장에서 그 호흡을 감지할 수 있다. 그 속에 어떤 구도자에 대한 통각이 들어 있다. 완전하고 영원한 상상의 피안에서 생명의 애착에 관하여 화답을 요구한다. 언어의 산문성에 침륜되지 않으면서 '가마솥에서 나이로 익어간다' 는 삶에 대한 고백은 영혼의 파장이며 생명에 대한 처절한 연민이며 애착이다.

다음의 시에서 더욱 각인이 됨을 확인할 수 있다.

풀잎이 나의 이름이라
뱁새가 나의 몸뚱이고

달빛이 나의 거울이고
바람이 나의 형상이라
저 산이 나의 주소인줄 몰랐다
저 강이 나의 무덤인줄 몰랐다
굳은살이 세상의 바닥이고
무소유가 갑옷인줄 몰랐다
세상은
이름으로
사람의 숲에다
뿌리를
내
린
다

〈이제야 이름을 지었다〉 전문

사람은 누구나 두 세계에서 살고 있다. 하나는 자연 환경과 부딪혀야 하는 세계이며 그 다른 하나는 현실의 지각 속에 뿌리를 내리고 있는 영감적인 개명의 세계인 것이다.

여기서 시적 상상의 형태는 계시적인 환상과 손을 잡으려는 욕구이다. 그것은 곧 시적 진실의 숨은 의표일 것이다. 시인에게 있어서는 언어 본래의 생기로써 되살린 진실이라는 권능이다. 언술이 발설되는 인간으로서의 품격을 유지하려는 반증이 아닐까.

'달빛이 나의 거울이고 / 바람이 나의 모양이라'
이것은 인간의 불합리한 독선에 줄기차게 대항하려는 아름다운 용기로 선명한 이상이다.

다음의 시로 그 사유는 이어진다.

무릎까지 눈이 차오른 날에도 시리다 하지 않았다
밤이면 폭설을 짊어지고도 소리 한번 내지 않았다
바람이 흔들었을 때도 나무는 따라서 울지 않았다
나무가 있어서 산이라 부른다
나무가 우거져 숲이라 불린다
나무의 철학이 무언이라
나무의 잠언이 침묵이라
지금 보이는 얼굴은 나무가 아니다
지금 서있는 실체는 자신이 아니다
형상을 보려고도 하지 말라
자신을 드러내려 하지 말라

밥값을 물어주면서 사는 게 삶이라
쌀값이 얼마인지도 모르면서
찬값이 얼마인지도 모르면서
장바구니를 들고 나서는
삶의 행진
꽃은 숫자를 세지 않는다
달은 구름을 보지 않는다
그래서 곱다
그래서 밝다

〈나무는 꽃도 달도 보지 않는다〉 전문

시는 사람을 다루는 것이 아니다. 그러기에 시는 사상의 채찍도 아니고 심상의 노름판도 아니다. 시는 삶의 멍에를 마땅히 지고 무릎으로 열매를 줍는 달빛의 풍금소리다. 시는 부서진 삶에 못질을 하는 망치소리다. 침으로 정류장에 악보의 시간표를 붙이는 것이다.

이처럼 김천복 시인은 시의 나루에서 바람으로 훈수

를 두며 구름의 여정과 삶의 술래잡기를 한다.

다음의 시에서 그 삶의 술래잡기 자화상을 볼 수 있다.

모든 일은 나로부터였습니다
얼마나 잘못 걸어왔는지 보입니다
그동안 얼마나 불평하고 살았는지
그동안 얼마나 우쭐대고 살았는지
날마다 나를 기망하면서 전등 아래서도 어두웠습니다
밤마다 당신을 속이면서 솜이불 속에서도 떨었습니다
삶을 농락하면서 나를 즐겼습니다.
돌팔매가 되어 되돌아오니 오늘이 암보다 더 아픕니다
탐내서 불렸던 것이 병이 되는 줄 몰랐습니다
속여서 즐겼던 것이 암이 되는 줄 몰랐습니다
세상으로부터 받은 기도를 되돌려주지 못하고
타인으로부터 받은 사랑을 감사하지 못했으며
단감을 따면서 땡감의 슬픔을 몰랐습니다
웃음을 사면서 뿌리의 주소를 잊었습니다
그 많은 허물에 견주면 지금 겪고 있는 고통은 아무것도 아닙니다
신이시여!
이제야 조건 없이 항복합니다
이제야 이유 없이 항복합니다
이름도 팔지 않겠습니다
문패도 걸지 않겠습니다
내 것은 없습니다
나도 없습니다

〈문패도 걸지 않겠습니다〉 전문

김천복의 시는 인간의 욕망에 대한 무한함을 충고하며 실제와의 접촉을 통하여 삶의 가치와 근본을 상실한 상황과 직면한다. 나아가 존재의 상실을 변명이라는 역

설적 인식을 통해 복원하고자 고뇌한다. 그 차안(此岸)인 삶 속에 파고드는 부단한 압박으로부터 인간을 풀어놓는 구원과 마침내 상관한다. 그러한 자기발견 의로서의 신의 인허(認許)를 기다리는 거울 위에 얼굴을 펼쳐놓는 것이다.

시에서 '삶을 농락하면서 나를 즐겼습니다' 이 말은 허무의식을 극복하려는 의지의 단안으로 비치고 있다.

그의 시심의 자유로운 상상력은 인간과 사물을 제 자리로 돌려보내고 싶은 부단한 의지의 자각인 것이다.

탈피하려는 현실에서 자신의 횡포를 과감히 뿌리치려는 구원의 언성이 자명하다.

시 〈문패도 걸지 않겠습니다〉 에서의 '문패' 란 어디서 사느냐 에서 어떻게 사느냐로 전위되는 자아의 성찰일 것이다.

또한 그것은 인간의 영혼을 감금하는 상황과 구원의 자각일 것이다.

그가 갈망하는 시의 보편적 서정성은 바람과 구름의 변명으로 수용되는 의지와 섭리로 착상되고 있다. 자아의 심상에는 햇살을 꺾은 속죄의 아픔이 붉게 타오르고 있다.

바로 그의 시는 시집에 있지 않고 인간의 마당에 있는 것이다.

그의 문학적 자화상은 다음의 시에서 구상적 알레고리(allegorie)로 드러난다.

믿었던 것은 허상이었다
취했던 것은 바람이었다

걸었던 길은 황무지였다
땅에서 바람의 끝을 보았다
강에서 바다의 끝을 보았다
어머니의 긴긴밤이 어제다
아버지의 무인도가 오늘이다

붙잡았던 것들이 나를 놓아주지 않는다
좋아했던 날들이 나를 희롱하고 울린다
마셨던 것으로 목마르다
즐겼던 것으로 우울하다
삼켰던 것으로 허기지다
나를 가둔 것은 나이다
나를 때린 것도 나이다

문은
가슴에 있다

〈문은 가슴에 있다〉 전문

김천복 시인의 미학적 고뇌는 존재와 무상의 안과 밖이다.

그는 멀미나는 세상의 공전에서 자아의 과녁에 돌을 던지고 있는 것이 아닐까. 그 사상의 덩어리는 사람의 근원이자 시상의 중심축이다. 곧 인간의 유토피아에 이르는 건너온 다리며 건너야 할 다리를 놓는다. 그는 삶의 존재와 무상을 상황과 구원의 시안으로 영혼의 물을 길어 올리고 있다,

그의 시의 속내는 선과 악이며 기도와 구원이자 오늘과 내일이다. 이처럼 그의 시는 하늘과 땅이며 사람이다.

그의 시에서 자주 일어서는 관념의 언질은 구체적인 삶을 통하여 산란한 선율이다. 인간의 뿌리에 대한 애절함과 하늘의 전지전능에 대한 간곡함을 삶의 서원으로 발등에 불을 켜고 있는 것이다. 자연의 조화에서 터득한 이치는 인간적 감성의 조율이 된다. 그 미감은 삶의 전반에 악보가 되어 노래가 된다. 그가 구가하고 있는 '허상'과 '문'은 유한한 사물을 포괄하며 존재를 포용하고 만유를 끌어안는다. 그것은 신과 인간이 함께 어울리는 영성적 통로인 것이다. 바로 악한 실존에 대한 죄를 경건한 화해로 발현시키려는 신앙인 것이다.

삶을 주관하던 실제적 존재와 욕망을 비워낸 무상의 그릇에 세상을 담고 있다. 그것은 빛과 어둠의 날조(捏造)에서 진실로 동화되는 화해이기도 하다.

그러기에 그는 삶의 무게를 바람과 구름의 나루터에 내려놓는 나룻배 시인이다.

그의 시는 속죄와 구원의 오라토리오다. 진정으로 그의 시적 사상은 이 땅의 씨앗이 되어 심상의 미학적 언표로서 영원할 것이다.

초판인쇄 | 2019년 3월 5일
초판발행 | 2019년 3월 9일

저　　자 | 김천복
펴 낸 곳 | 제3의 문학

주　　소 | 경기도 여주시 명성로 84-20
전　　화 | Seoul Office / (02)2279-3357~8
E-mail | 3munhak@hanmail.net

출판등록 | 2008. 8. 21 제1-2727호

가　　격 | 9,000원

ISBN 978-89-89629-90-0